# TUT GUT.
# SCHMECKT GUT.
# WEIHNACHTET!

## ROHKÖSTLICHES ZUR WEIHNACHTSZEIT

### LISA MATTES

Herausgegeben von
Lisa Mattes und ROHTOPIA
www.ROHTOPIA.com

Coverphoto: Lisa Mattes
Cover und Buchdesign: Lisa Mattes

Tut gut. Schmeckt Gut. Weihnachtet! Rohköstliches zur Weihnachtszeit / Lisa Mattes

ISBN 9783837085556

Herstellung und Verlag:

BoD - Books on Demand, Norderstedt

*Für Lisl und Mauzi*

# INHALT

# LISA LIEBT KEKSE

.. seit langem - eigentlich, immer schon!

In meiner Familie haben Weihnachtskekse eine lange Tradtion und seit kleinauf war ich jeden Advent damit beschäftigt, alle möglichen Sorten zu backen.

Klarerweise habe ich die bis zu 20 Sorten auch immer fleissig verkostet und so war mir normalerweise den halben Dezember schlecht und am 24. konnte ich schon keine Kekse mehr sehen.
Die Unmengen an Keksen verteilte ich an sämtliche Familienmitglieder, Freunde und liebe Kollegen.

Als ich dann 2007 nach Australien zog, kämpfte ich mit Allergien und wollte keine Weissmehlprodukte mehr essen. Aussedem war Weihnachten auf einmal im Sommer und die Keksbackphase nahm ihr Ende.

Dann entdeckte ich Rohkost für mich und damit eine komplett neue Welt an Keks-Möglichkeiten.
Hurra! Endlich wieder Kekse!
Alle Sorten wollte ich nachmachen, in rohköstlicher Version, und die (bis jetzt!) gelungesten sind in diesem Buch zusammengefasst.

Ich freue mich dass Du den "Mut" hast, meine Kreationen auszuprobieren.
Ich hoffe sie schmecken Dir und Deinen Lieben genauso gut wie mir und inspirieren Dich, selbst einfallsreich zu werden und neue Keks-Kreationen zu erfinden.

Viel Freude beim Entdecken, beim Nachmachen - und beim Naschen!

FROHE WEIHNACHTEN!

Lisa

# ZUTATEN

## MENGENANGABEN:

1 ml – Milliliter
cl – Zentiliter  (1 cl = 10 ml)
T – Tasse  (1 T = 250 ml, 4 T = 1 Liter)
g – Gramm
pr – Prise
TL – Teelöffel  (1 TL = 5 ml = 60 Tropfen)
EL – Esslöffel  (1 EL = 15 ml)
nach Geschmack - Gewürze sind variabel,
einfach verkosten und den persönichen
Vorlieben folgen

Temperaturen in diesem Buch sind in Celsius.
100° F (Fahrenheit) = 37.8° Celsius
110° F = 43.3° Celsius

## "ETWA 24 STÜCK":

Da Du vielleicht größere oder kleinere
Keksausstecher verwendest, und größere oder
kleinere Kipferl und Kugeln formst, gibt es bei
vielen Rezepten keine exakte Stückanzahl.

Persönlich mag ich kleine Formen lieber, da man
mit einer Teigmasse mehr Stück
zusammenbekommt, und kleine Kekse
ausserdem hübscher aussehen.

Rezepte die mit dem Sonnensymbol versehen
sind, brauchen etwas mehr Zeit da sie im
Dehydrator getrocknet werden. Alternativ kann
man ein Backrohr verwenden, auf niedrigster
Stufe und mit offener Ofentür. Dabei darauf
achten dass die Temperatur nicht zu hoch wird.

## IM GANZEN ODER GERIEBEN?
## TROCKEN ODER EINGEWEICHT?

Viele Rezepte haben Nüsse ode Trockenfrüchte
in der Zutateliste und fast immer werden diese
dann eingeweicht und/oder zerkleinert.

Die Mengenangaben beziehen sich IMMER auf
die Zutat im Original Zustand, VOR
eventuellem Einweichen, VOR jeglichem
Zerkleinern, sei es Hacken, Schneiden oder
Reiben.

## MADE WITH LOVE

.. und ALLE Rezepte müssen UNBEDINGT mit
LIEBE gemacht werden. Es mag ein bisschen
verrückt klingen, aber es stimmt! Mit Hingabe
Zubereitetes schmeckt immer besser als etwas
"Hingeklatschtes".

Also, trotz eventuellem - ok, sehr
wahrscheinlichem - vorweihnachtlichen Stress:
ein, zwei Tage Zeit nehmen, Zutatenmengen
zusammenschreiben und besorgen, die
Küchenarbeitsfläche frei räumen, vielleicht ein
paar Freunde einladen oder mit den Kindern,
der Familie zusammen kommen, gute Musik
aufdrehen, und mixen, rühren, kneten, formen -
mit Freude.

# KEKSE & PLÄTZCHEN

# WALNUSS-FEIGEN-HAPPEN

ETWA 24 STÜCK

## ZUTATEN

1 Tasse Walnüsse
1/4 Tasse Rosinen
1/2 Tasse Feigen (6 Stück)
1/2 Tasse Sonnenblumenkerne
1 EL Agavendicksaft oder Honig
1 EL Wasser
1 Prise Meersalz
1 TL Kokosöl zum Hände einreiben

3 EL RohKakao oder Carob
2 EL Agavendicksaft oder Honig

## ZUBEREITUNG

RohKakao oder Carob mit Agavendicksaft
oder Honig verrühren, beiseite stellen.

Feigen hacken, dann mit den restlichen
Zutaten vermengen. Die Masse flach pressen
und in 2 gleich grosse Stücke schneiden.
Einen Teil mit Kakaocreme bestreichen, den
2. Teil darauf legen und andrücken. In
Quadrate schneiden und in Schälchen legen.
Kühl und trocken aufbewahren.

# KOKOSBUSSERL

## ETWA 20 STÜCK

## ZUTATEN

1 Tasse Kokosflocken
2 EL Kokosöl
2 EL Mandelmehl (Reste vom Mandelmilch-Machen)
40 ml Agavendicksaft oder Honig
1/2 Vanilleschote, ausgekratzt
1 Prise Meersalz

*Glasur*:
1 TL Agavendicksaft oder Honig
1 TL Kakaobutter
30g RohKakao

Deko:
Goji Beeren
Kokosflocken

## ZUBEREITUNG

Alle Zutaten in einer Schüssel vermengen bis das Kokosöl vollständig integriert ist. Falls der Teig nicht klebrig genug erscheint, 1-2 TL Wasser zufügen bis der Teig zusammenhält.

Glasur:
Kakaobutter im Wasserbad schmelzen, mit Agave und RohKakao verrühren.

Den Teig zu Kugeln formen und zur Hälfte in die Schokoladensauce eintunken.

Mit Gojibeeren und/oder Kokosflocken dekorieren.
Auf Backpapier legen und trocknen lassen.

Kühl aufbewahren (im Kühlschrank werden die Busserl zu hart).

# ROSINEN–ZIMT–TRÄUME

TWA 20 STÜCK

## TATEN

asse Rosinen
Tassen Pekannüsse
L Zimt
TL Meersalz

## ZUBEREITUNG

Pekannüsse klein hacken, ein Drittel beiseite stellen.
Den Rest zusammen mit den Rosinen, Zimt und Meersalz in der Küchenmaschine oder einem Mixer verarbeiten.

Zu Kugeln formen und in den gehackten Pekannüssen rollen.

2. Variante: Anstelle der Pekannüsse eine andere Nussorte oder eine Mischung verwenden:
Mandeln, Haselnüsse oder Walnüsse eignen sich besonders gut.

☼ # MANDELKIPFERL

### ETWA 40 STÜCK

## ZUTATEN

*Helle Kipferl*
1 Tasse Cashewkerne
1 Tasse Mandeln
60 ml Agavendicksaft oder Honig (1/4 Tasse)
1/2 Vanilleschote, ausgekratzt
1 Prise Meersalz

*Dunkle Kipferl*
2 EL RohKakao zur gesamten Masse hinzufügen

1 EL RohKakao Nibs, grob gerieben zum Bestreuen

Schokoladen-Tunk-Sauce:
3 EL Kakao
3 EL Kakaobutter
2 EL Agavendicksaft oder Honig

## ZUBEREITUNG

Cashewkerne und Mandeln reiben, mit Vanille und Meersalz (und gegebenfalls Kakao) in einer Schüssel vermengen. Agavendicksaft oder Honig unterrühren.

Teig zu langen, 1 cm dicken Rollen formen, alle 4-5cm abschneiden. Die kurzen Stücke zu Kipferln formen. Dunkle Kipferl mit Kakaonibs bestreuen.

Im Dehydrator bei 42 Grad 12 Stunden trocknen lassen oder bis die Kipferl fest aber noch weich sind.

Schokolade:
Alle Zutaten im Mixer vermischen. Kipferlspitzen eintunken, auf Gitter oder Dehydratortablett ohne Folie trocknen.

Kühl und trocken aufbewahren (im Kühlschrank werden die Kipferl zu hart).

# LINZER AUGEN

### ETWA 20 STÜCK

## ZUTATEN

- Teig (alternativ: Eisenbahner Teig: etwa
  20 Stück)
  90g Mandeln (3/4 Tasse)
  100 g Haselnüsse (3/4 Tasse)
  120 g Haferflocken (1 Tasse)
  60 ml Agavendicksaft oder Honig
  1 EL Kokosöl, kaltgepresst und
  geschmacksneutral
  1 Vanilleschote, ausgekratzt
  1 Prise Meersalz
  etwas Wasser

- Füllung:
  1/2 Tasse Himbeer- oder
  Marillenmarmelade
  oder Marzipan (siehe Marzipankartoffel)
  oder Schokolade (siehe Ischler)

  *Himbeermarmelade:*
  1.5 Tassen Himbeeren
  4 Datteln, 10 Minuten eingeweicht
  1-2 EL Einweichwasser
  1 TL Zitronensaft

## ZUBEREITUNG

Marmelade-Zutaten im Mixer pürieren, in einer flachen Schüssel im Dehydrator für 6 Stunden bei 42 Grad reduzieren.

Nüsse und Haferflocken reiben.
In einer Schüssel mit Meersalz und Vanille vermischen. Agavendicksaft und Kokosöl zufügen, verkneten bis ein ausrollbarer Teig entstanden ist; eventuell ein wenig Wasser (1-2 EL) zufügen.

0.5 cm dick ausrollen, beliebige Keksformen paarweise (damit man sie danach mit der Füllung zusammenkleben kann) ausstechen. Linzer Augen sind klassisch rund und haben 3 Löcher im oberen Keks.
Im Dehydrator bei 45 Grad 4 Stunden trocknen (einfach auf das Gitternetz legen).

Die Hälfte der Kekse mit Füllung bestreichen, 2. Hälfte auflegen und leicht andrücken.

Kühl und trocken aufbewahren.

# SCHOKO KNUSPERLIS

### ETWA 30 STÜCK

## ZUTATEN

1/2 Tasse Buchweizlis*
100 ml kaltgepresste Kokosöl oder Kakaobutter,
im Wasserbad geschmolzen
60 ml Agavendicksaft
4 EL RohKakao
1/2 TL Zimt
1 Prise Meersalz

* Buchweizen über Nacht einweichen, abtropfen,
2 Tage keimen lassen, bei 42 Grad 48 Stunden
trocknen. Am besten mehr machen, passt auch
super zu Muesli, Keksen und Crackern oder auf
Eis gestreut

## ZUBEREITUNG

Kokosöl im Dehydrator bei 42 Grad schmelzen
lassen. Wenn Du keinen Dehydrator hast, kannst
Du das Kokosöl auch im Wasserbad schmelzen:
Einen Topf mit heissem (nicht kochendem)
Wasser füllen. Kokosöl in einen kleineren Topf
geben und diesen in den Wassertopf stellen.

Geschmolzenes Kokosöl mit den restlichen
Zutaten verrühren.

In Staniol-Schälchen oder Pralinen-Formen aus
Silikon füllen.

Zum Festwerden etwa 30 Minuten in den
Kühlschrank stellen, dann eventuell aus den
Pralinen-Formen holen und bis zum Verzehr
wieder kühl stellen.

Achtung, mit Kokosöl gemacht sind die
Knusperlis relativ hitzeempfindlich und
schmelzen bei etwa 23 Grad Raumtemperatur.

IM UHRZEIGERSINN:
EISENBAHNER,
MARZIPANKARTOFFEL,
MANDELKIPFERL,
KOKOSBUSSERL, GEFÜLLTE
DATTEL, SESAM-INGWER-HERZ

VARIANTE FÜR GRÜNE KUGELN:
70G MANDELN
30G PISTAZIEN
90 ML HONIG ODER
AGAVENDICKSAFT

LUCUMA ODER ROHKAKAO ZUM
ROLLEN

# MARZIPANKARTOFFEL

ETWA 18 STÜCK

## ZUTATEN

100g Mandeln
80 ml Agavendicksaft oder Honig
2 Tropfen Bittermandelöl (optional)

1-2 EL RohKakao

## ZUBEREITUNG

Mandeln über Nacht einweichen, abspülen, schälen.
Im Dehydrator bei 42 Grad mindestens 24 Stunden trocknen lassen oder so lange bis sie durch und durch trocken sind.

1. Alternative: Geschälte Mandeln aus dem Handel verwenden, diese sind allerdings üblicherweise blanchiert und somit nicht mehr Rohkostqualität.

2. Alternative: Mandeln selbst blanchieren - kurz in heisses Wasser tauchen, dann lassen sie sich leichter schälen. Wohl auch nicht Rohkostqualität aber wahrscheinlich sanfter gemacht als im Grossbetrieb.

3. Alternative: Ungeschälte Mandeln verwenden. Dann wird das Marzipan allerdings nicht so hell wie bei geschälten.

Mandeln (und gegebenfalls Pistazien) im Mixer sehr fein reiben.
Mit Agavendicksaft (und optional: Bittermandelöl) vermengen, durchkneten bis eine klebrige Masse entstanden ist.

Zu circa 10g schweren Kugeln formen.
In RohKakao rollen.
In Papierschälchen legen.
Kühl und trocken aufbewahren.

# LEBKUCHEN

ETWA 45 STÜCK

## ZUTATEN

150g Pekan Nüsse (1 Tasse)
90g geriebene Leinsamen (1 Tasse)
1/2 Apfel (40g)
1 Tasse zerdrückte Bananen (200g)
4 Datteln, 10 Minuten eingeweicht
Einweichwasser
1 EL Honig (optional)
2 EL Lebkuchengewürz
ODER:
1.5 TL Zimt
1 TL Ingwer, gerieben
1 /2 TL Kardamon
1/2 TL Muskat
1/2 TL Nelken, gerieben

Deko:
Mandelsplitter, (kleingehackte)
Trockenfrüchte:
Rosinen, Maulbeeren, Gojibeeren, Marillen,
Datteln

## ZUBEREITUNG

Nüsse reiben, mit Leinsamen und Gewürzen
verrühren.

Apfel, Bananen und Datteln mit Honig
pürieren, Nussmasse unterrühren, eventuell
Einweichwasser zufügen.

0.5 cm dünn ausrollen und Keksformen
ausstechen oder Rechtecke ausschneiden.

Dekorieren, dann im Dehydrator bei 42 Grad
18 Stunden trocknen oder bis die Lebkuchen
trocken sind.

Kühl und trocken aufbewahren.

# ADVENT BROWNINIS

20 KLEINE ODER 12 GRÖSSERE STÜCK

## ZUTATEN

1/2 Tasse Walnüsse
1/2 Tasse Pekannüsse oder Haselnüsse
1 Tasse Datteln, entkernt und eingeweicht
3 EL RohKakao

Lucuma, Kakao oder Mesquite zum Bestäuben
(optional)

## ZUBEREITUNG

Nüsse reiben und in einer Schüssel mit Kakao
vermengen.
Datteln abtropfen und im Mixer pürieren.
Nusskakao einrieseln lassen bis eine klebrige
Masse entstanden ist, eventuell manuell
durchkneten.

Flach ausrollen und Keksformen ausstechen.
Eventuell bestäuben.

Kühl und trocken aufbewahren.

# SESAM-INGWER KEKSE

ETWA 35 STÜCK

## ZUTATEN

Gelee einer jungen Kokosnuss oder 1 Tasse
Kokosflocken (100g)
6 Datteln, entkernt (75g), 1 Stunde eingeweicht
in Kokoswasser oder Wasser
1/2 Tasse Einweichwasser
30g Sesam
1 EL Ingwerpulver oder 2.5 cm Ingwer, frisch
gerieben

Glasur (optional):
1.5 EL RohKakao
1 EL Honig
1 EL Kakaobutter, im Wasserbad oder
Dehydrator geschmolzen

Kokosflocken zum Bestreuen

## ZUBEREITUNG

Kokosgelee byw Flocken mit Datteln,
Einweichwasser und Ingwer im Mixer
pürieren.
Sesam einrühren.

Mit einem Teelöffel 2-3 cm große Kreise auf
einer Dehydratorfolie verteilen, wenn die
Masse fest genug ist, können auch Herzen
geformt werden (Foto).
Bei 42 Grad etwa 24 Stunden trocknen lassen.

Wenn die Kekse richtig trocken sind, knacken
sie beim Reinbeißen ganz wunderbar.
Wenn sie nicht so knackig sind, schmecken sie
auch gut, und mit Glasur noch besser:
Glasur-Zutaten mixen, auf Kekse streichen.
Mit Kokosflocken bestreuen.

Kühl aufbewahren.

# GEFÜLLTE DATTELN

### 20 STÜCK

## ZUTATEN

20 Datteln

100 g Marzipan (50g Mandeln, geschält und fein gerieben, 45g Agavendicksaft oder Honig - gleiche Zubereitung wie Marzipankartoffel)

## ZUBEREITUNG

Datteln der Länge nach aufschneiden und aufpassen dass man sie nicht komplett durchschneidet, die Unterseite sollte intakt bleiben.

Marzipan zu einer langen Rolle formen und in 20 gleich grosse Stücke teilen.

Die Stücke länglich formen und jede Dattel mit einem Stück Marzipan füllen.

Foto: grünes Marzipan, aus 35g Mandeln, 15g Pistazien und 45g Agavendicksaft)

# NUSS-GENUSS

ETWA 15 KUGELN

## ZUTATEN

1 Tasse Walnüsse
1/2 Tasse Kokosflocken
2 EL Carob oder RohKakao
3 EL Dattelpaste oder 4 Datteln, eingeweicht
2 EL Rosinen
1 Prise Meersalz
2 EL Hanfsamen zum Wälzen. Alternative:
Sesam oder fein gehackte Nüsse

## ZUBEREITUNG

Walnüsse und Kokosflocken reiben.
In einer Schüssel mit Kakao und Salz
verrühren.
Rosinen hacken und unterrühren.
Datteln gegebenenfalls klein hacken und
dazumischen.

Zu Kugeln formen und in Hanfsamen wälzen.
In Papierformen legen.

Kühl und trocken lagern.

 # ISCHLER

ETWA 30 STÜCK

## ZUTATEN

*Teig:* (alternativ: Eisenbahner Teig - etwa 30 Stück)
90g Mandeln (3/4 Tasse)
100 g Haselnüsse (3/4 Tasse)
120 g Haferflocken (1 Tasse)
60 ml Agavendicksaft oder Honig
1 EL Kokosöl, kaltgepresst und geschmacksneutral
1 Vanilleschote, ausgekratzt
1 Prise Meersalz

etwas Wasser
Alternativ:
Eisenbahner Teig - etwa 40 Stück, je nach Größe des Keksaustechers.

*Füllung*: Himbeer- oder Marillenmarmelade, siehe Linzer Augen

Glasur: Schokolade, siehe Schokopralinen
1/2 Tasse RohKakao oder Carob
1/2 Tasse Agave oder Honig
1/2 Tasse Kakaobutter, im Wasserbad geschmolzen
1/2 Vanilleschote, ausgekratzt
1 Prise Meersalz

Deko: Mandelstifte (Mandeln halbieren und in je 2 oder 3 Stifte schneiden)

## ZUBEREITUNG

Nüsse und Haferflocken reiben.
In einer Schüssel mit Meersalz und Vanille vermischen. Agavendicksaft und Kokosöl zufügen, verkneten bis ein ausrollbarer Teig entstanden ist; eventuell ein wenig Wasser (1-2 EL) zufügen.
Dünn ausrollen - 2-3mm - und runde Kekse ausstechen.
Im Dehydrator bei 42 Grad etwa 7 Stunden trocknen lassen.

Die Hälfte der Kekse mit Marmelade bestreichen, die 2. Hälfte daraufpressen.

Mit Schokolade bestreichen oder in Schokolade eintunken (wenig Patzerei):
Das Keks mit 2 Fingern am Rand halten und eine Oberfläche in die Schokolade tunken.

Keks wenden und zum Trocknen der Schokolade mit der "leeren" Seite auf ein Gitter (oder Dehydratortablett ohne Folie) legen. Mit Mandelstiften dekorieren. Kühl aufbewahren.

# GEFÜLLTE SCHÄLCHEN

ETWA 35 STÜCK

## ZUTATEN

Teig - entweder die Masse vom Eisenbahner oder Linzer Augen Rezept

Füllungen:
- Himbeermarmelade vom Eisenbahner Rezept
- Marillenmarmelade vom Linzer Augen Rezept
- Schokolade vom Schokopralinen Rezept

## ZUBEREITUNG

Teig zu kleinen Kugeln rollen und in der Handfläche mit dem kleinen Finger eine Delle eindrücken.

Im Dehydrator bei 42 Grad etwa 6 Stunden trocknen lassen.

Mit Schokoladenmasse oder Marmelade füllen.

Kühl aufbewahren.

# EISENBAHNER

### ETWA 20 STÜCK

## ZUTATEN

- Mürbteig:
  150g Buchweizlis, gekeimt und getrocknet
  (1 Tasse Buchweizen über Nacht
  einweichen, abtropfen, 2 Tage keimen, bei
  42 Grad 48 Stunden trocknen.)
  100g Mandeln
  3 EL Honig oder Agavendicksaft
  3 EL Kokosöl
  1 EL Wasser
  1/2 TL Zitronenschale
  1 Prise Meersalz

- Marzipan:
  100 g Marzipan (50g Mandeln, geschält
  und fein gerieben, 50g Agavendicksaft oder
  Honig - gleiche Zubereitung wie
  Marzipankartoffel)

- Himbeermarmelade:
  1.5 Tassen Himbeeren
  4 Datteln, 10 Minuten eingeweicht
  1-2 EL Einweichwasser
  1 TL Zitronensaft

## ZUBEREITUNG

Marmelade-Zutaten im Mixer pürieren, in
einer flachen Schüssel in den Dehydrator
stellen und 6 Stunden bei 42 Grad
reduzieren.

TeigZutaten im Mixer oder der
Küchenmaschine gut vermengen und
verkneten.

Auf einem Dehydrator-Tablett mit Folie oder
Backpapier flach und etwa 2mm dick
ausrollen.
Mit einem stumpfen Messer in 4 cm breite
Streifen schneiden.
Etwa 6 Stunden bei 42 Grad trocknen lassen.
Die Hälfte der Teig-Streifen mit Marmelade
bestreichen, und jeweils einen 2. Teil darauf
legen.

Die Marzipan-Zutaten vermengen und mit
einem Spritzbeutel der Länge nach an beiden
Rändern der Teig-Streifen aufspritzen.

Mit der restlichen Marmelade auffüllen und
die Streifen in Schnitten schneiden.
Kühl aufbewahren.

# SCHOKOPRALINEN

ETWA 20 STÜCK

## ZUTATEN

1/2 Tasse RohKakao oder Carob
1/2 Tasse Agave oder Honig
1/2 Tasse Kakaobutter
1/2 Vanilleschote, ausgekratzt
1 Prise Meersalz

Zum Füllen:
Gojibeeren (Foto), Rosinen,
getrocknete Kirschen
Mandeln, Haselnüsse, Pekans

oder: *Karamell Drops (Foto):*
1/2 Tasse Paranüsse
2 EL Agave
2 EL Mesquite
1 Prise Vanille
1 kleine Prise Meersalz

## ZUBEREITUNG

*Karamell Drops:*
Nüsse fein reiben, mit Agave, Mesquite, Vanille und Meersalz mischen. In einen Spritzbeutel oder Frischhaltebeutel füllen (eine Ecke abschneiden), und auf einer Dehydratorfolie aufspritzen. Bei 42 Grad etwa 8 Stunden trocknen oder bis die Drops eine weiche Festigkeit haben.

*Pralinen:*
Kakaobutter im Wasserbad oder Dehydrator schmelzen lassen. Im Mixer mit Agave oder Honig mixen, Kakao langsam zufügen. Falls die Masse zu zäh wird, wieder im Dehydrator oder Wasserbad erwärmen. In Pralinenformen giessen, beliebig füllen.

Im Kühlschrank erstarren lassen und auch dort lagern.

# FRUCHTWÜRFEL

JE NACH VERSION 16-35 STÜCK

## ZUTATEN

200g Datteln (1.5 Tassen(
60g Marillen, getrocknet (1/2 Tasse)
2 TL Ingwer, gerieben
3 EL Kokosflocken

## ZUBEREITUNG

Datteln und Marillen händisch im Mixer oder der Küchenmaschine so fein hacken dass eine klebrige Masse entsteht.
Mit Ingwer verkneten.

Die Arbeitsfläche mit Kokosflocken bestreuen.

Teig darauf 2 cm dick und quadratisch ausrollen und mit Kokosflocken bestreuen, leicht andrücken.
In 2.5 cm breite Streifen schneiden.
Die Streifen in 2.5 cm lange Stücke teilen.
Jeden Teil rundum mit Kokosflocken bestreuen.

*2. Version:*
Den ausgerollten Teig in 3 cm breite Streifen schneiden.
Die Streifen in 1.5cm breite Stangerl schneiden.
Die Stangerl rundum mit Kokosflocken

JA... WENN MAN ES MATHEMATISCH GENAU NIMMT, SIND ES EIGENTLICH FRUCHTQUADER - ABER WÜRFEL KLINGT DOCH EINFACH VIEL BESSER ODER?

# FRISCHE DESSERTS

# HIMBEER–MANGO PERFEKTION

FÜR 4

## BODEN:

100g Kokosflocken (1 Tasse)
75g Datteln (6 Stück Medjool, entkernt)
1/2 Vanilleschote, ausgekratzt
1 Prise Meersalz

Alle Zutaten im Mixer oder der Küchenmaschine vermengen bis die Datteln feinst gehackt sind. Auf Törtchenböden oder in Servierschalen verteilen, etwas Masse zum Verzieren übriglassen.

## HIMBEER:

200g Himbeeren (1.5 Tassen)
100g Kokosflocken (1 Tasse)
2 EL Kokosöl, (eventuell erwärmt damit es flüssig ist)
1 EL Agave oder Honig
1-2 EL Wasser

Alle Zutaten bis auf das Öl mit mixen, Öl zum Schluss hinzufügen. Wenn man TK Himbeeren verwendet, müssen diese unbedingt auf Zimmertemperatur aufgetaut sein damit das Kokosöl nicht klumpt.

## MANGO:

1 Mango (1.5 Tassen, 300g entsteint & geschölt)
1 Tasse getrocknete Mango (120g)
1 EL Kokosöl, flüssig

Die getrocknete Mango für 10 Minuten einweichen, abtropfen. Mit dem Rest im Mixer pürieren.

## AUFBAU:

Himbeer-Masse auf Boden verteilen, etwas zum Verzieren übriglassen. Mango-Masse auf Himbeer geben, mit Himbeercreme dekorieren, im Kühlschrank 4-6 Stunden fest werden lassen. Vor Entfernen der Form testen ob die Mangomasse fest genug ist, eventuell im TK erstarren lassen und 10 Minuten vor dem Servieren herausholen.

# EBKUCHEN-EIS

0 ML / FÜR 4

## ZUTATEN

2 Bananen (etwa 200g geschält)
1 Tasse Cashew Nüsse
75g Datteln (6 Stück Medjool, entkernt)
1/2 Tasse Wasser
1 EL Kokosöl, flüssig
1/2 Vanilleschote, ausgekratzt
2 cm Ingwer, geschält
1 EL Zimt
1 TL Kardamon
1/4 Muskatnuss, gerieben
1/2 TL Nelken
1/2 TL Piment

3-4 Datteln, entkernt und in 1x1cm Stücke
gehackt.

## ZUBEREITUNG

Alle Zutaten bis auf die gehackten Datteln im
Mixer fein und cremig pürieren. In einen
Behälter füllen, die gehackten Datteln einrühren
und über Nacht insTiefkühlfach stellen. Das Eis
sollte auch ohne Umrühren zwischendurch sehr
cremig sein.

Servieren: Agavendicksaft oder Dattelsauce (2-3
Datteln, eingeweicht und zu Sauce püriert,
eventuell etwas Einweichwasser zufügen) in
ZickZack-Form auf Tellern verteilen, mit einem
Löffel Eis-Portionen ausstechen und auf Tellern
plazieren.

Anmerkung zu den Gewürzen:
Je nach Geschmack gibt es verschiedene
Lebkuchen-Gewürz-Vorlieben. Anstelle der
angebenen Gewürze kann man seine eigene oder
auch eine fertige Lebkuchengewürzmischung
verwenden.

Lisa wurde in Wien geboren und isst seit zehn Jahren größtenteils vegane Rohkost. Sie hat Rohkost bisher in Australien, Thailand, Österreich und Kanada präsentiert, und ihre Rohkost-Videos finden weltweit Aufmerksamkeit.

Nach "Raw Food Selbst Gemacht: Über 60 simple Rezepte für einen glücklichen Körper und Geist" ist dies ihr zweites Buch.

Ausser Rohkost liebt sie Yoga, die Berge, die Meere, Freitauchen (Tauchen mit einem einzigen Atemzug), das Leben und alles was ist.

Lisa ist über www.Rohtopia.com für Coaching, Workshops und Events buchbar.

# TUT GUT.
# SCHMECKT GUT.
# WEIHNACHTET!